Le Monde à l'Horizon 2040: Perspectives géopolitiques selon la CIA

Les menaces de Téhéran, Pyongyang, Moscou et Pékin

Fabrice François

ISBN : 9798854256506

REMERCIEMENTS

A mon épouse Saraspadee, mes deux filles Yanna et Elsa ainsi qu'à mes parents… Sans oublier aussi tous ceux qui ont croisé ma route et m'ont aidé à grandir ici-bas dans un monde de plus en plus tourmenté…

TABLE DES MATIÈRES

AVANT-PROPOS

Ce livre est une véritable plongée au coeur des rapports de la CIA pour décrypter le monde à l'horizon de 2040… Et pour prévenir des défis majeurs à venir et des graves menaces qui se profilent sur l'échiquier mondial.

1
INTRODUCTION

Quoi de plus captivant que de se mettre dans la peau du président des Etats-Unis durant quelques heures ? Pour cela, il est indispensable d'avoir lu les rapports de la CIA sur l'évolution du monde.

Depuis une quinzaine d'années, chaque président élu à la Maison-Blanche s'attelle à prendre connaissance de ce document sésame rédigé en coulisses par le NIC (National Intelligence Council), une cellule de surveillance et d'intelligence économique de la célèbre agence. Le NIC dissèque, jauge, fait des prévisions et établit un diagnostic au plus près du terrain. Ou comment anticiper l'avenir d'un monde hypothétique ?

Le NIC (National Intelligence Council), agence spécialisée dans l'anticipation géopolitique, est une cellule de veille et d'intelligence économique au sein de la CIA. Cette équipe, qui a vu le jour en 1979, et qui est directement liée à la Maison-Blanche depuis 2004, dénombre actuellement une trentaine de membres. La cellule est aussi principalement composée de membres de la Central Intelligence Agency (CIA). Mais pas seulement puisque le président du NIC occupe également une double fonction en tant que « Directeur national adjoint du renseignement » (DDNI).

Faire l'ébauche d'un avenir possiblement réalisable a toujours suscité un vif intérêt chez les individus, en particulier ceux engagés dans les arcanes de la sécurité nationale et les services de renseignement.

La cellule de veille et d'intelligence économique de l'agence de renseignements américaine s'attache à suivre les tendances majeures ainsi que les avertisseurs quasiment inaudibles pour les néophytes. Son objectif est d'assister les décideurs politiques et économiques dans la préparation de l'avenir. La doxa de l'administration américaine s'arcboute ainsi à mobiliser ses forces stratégiques et éviter un nouveau Pearl Harbor.

L'agence ne s'engage pas à prédire l'avenir, étant donné qu'elle a déjà connu des erreurs importantes par le passé. Son objectif principal est plutôt d'identifier des « futurs potentiels » dans un strict cadre analytique, c'est-à-dire des scénarios possibles basés sur des tendances et sur des informations disponibles, et ce, afin d'aider au mieux à éclairer les décideurs politiques et économiques dans leurs prises de décision initiales.

Toutefois, la pandémie qui a paralysé la planète en 2020 a sévèrement limité notre vision. Au sens figuré, elle a rendu la projection et la planification à long terme, que ce soit pour soi-même ou pour son pays, périlleuses, comme une acrobatie audacieuse réalisée sur un câble au-dessus du vide. Le Covid-19 a profondément impacté notre capacité à anticiper l'avenir. Tandis que nous nous perdions dans des horizons incertains, le monde évoluait rapidement, de manière dramatique et parfois imperceptible, juste sous nos yeux. Dans ce monde en pleine explosion, aucun acteur ne peut prétendre à une quelconque hégémonie.

Tous les acteurs convergent vers une même préfiguration : les transformations en cours annoncent un changement d'une ampleur sans précédent depuis les révolutions politiques et économiques de la fin du XVIIIe siècle. Selon l'agence, il s'agit même d'un tournant décisif dans l'histoire de l'humanité. L'émancipation mondiale des individus, la réduction significative de la pauvreté, la croissance impressionnante des classes moyennes et la diffusion généralisée de nouvelles technologies (parfois dangereuses) et de nouveaux modes

de production seront autant de forces leviers dans la construction
d'un monde peuplé de 8,3 milliards d'individus d'ici à l'horizon 2030.

«Il faut voir le monde tel qu'il est », disait l'écrivain américain,
nouvelliste et romancier, Francis Scott Fitzgerald, « et vouloir le
changer quand même ».Pour Alain Frachon, journaliste, spécialiste
des questions internationales, le métier de la CIA est « d'égrener les
menaces réelles, potentielles, virtuelles qui pèsent sur la sécurité des
Etats-Unis   ».

2
2027-2030

Le rapport 2030 présente quatre scénarios distincts pour l'avenir. Dans le premier scénario, les Etats-Unis et l'Europe ne jouent plus un rôle de leadership, et ils semblent même ne plus désirer leur place de choix sur l'échiquier mondial. La Chine voit son élan stoppé par la corruption, les agitations sociales et la fragilité de son système financier. La mondialisation relâche progressivement son étreinte, la tendance au désengagement et au protectionnisme se renforce.

En 2027, à l'occasion du centenaire de son armée populaire de libération, la Chine pourrait avoir les capacités nécessaires pour mener une invasion de Taïwan… Dès 2027, l'Inde deviendra le pays le plus peuplé, dépassant ainsi la Chine. Cependant, la croissance la plus importante sera observée en Afrique subsaharienne, qui représentera les deux tiers de la croissance démographique mondiale. En Europe, la proportion de personnes âgées de plus de 65 ans pourrait s'élever à 25%, comparée aux 15% recensés en 2010.

Le rapport de la CIA souligne également l'évolution des risques de conflit. Selon ses conclusions, on s'attend à un nombre plus important de risques de conflits dans les pays où les ressources naturelles telles que l'eau et la terre sont très limitées, et où la jeunesse de la population est un fait marquant. Trois régions en particulier sont clairement identifiées comme étant dans cette situation : le Moyen-Orient, l'Afrique subsaharienne et l'Asie du Sud-Est.

Le deuxième scénario propose une vision inverse, où un conflit entre l'Inde et le Pakistan déclenche dans la foulée une réaction des grandes puissances, qui parviennent enfin à établir une coopération et une régulation internationales à la hauteur des enjeux. La mondialisation reprend, et chaque pays cherche à tirer son épingle du jeu.

Le troisième scénario décrit un monde fragmenté par l'explosion des inégalités, tant à l'intérieur des pays qu'entre eux. Les tensions politiques et sociales prédominent dès lors partout. Et bien que la richesse mondiale augmente, le bien-être des populations diminue. En Afrique, les Etats se fragmentent autour des divisions communautaires, tribales et ethniques. En Chine, le pouvoir alimente les sentiments nationalistes pour tenter de contenir in fine ses contradictions.

Enfin, le dernier scénario envisage une dissolution des Etats ou du moins leur mise en concurrence à proprement parler, avec une multitude d'acteurs puissants tels que les ONG, les multinationales, les réseaux de grandes fortunes et autres mégalopoles. Ces acteurs prennent les commandes dans un monde fortement mondialisé. Selon les experts de la CIA, notre avenir sera un mélange d'éléments tirés de ces différents scénarios.

3

2040

La CIA présente en 2040 une vision préoccupante de l'année 2040, caractérisée par un monde fractionné et contesté avec cinq scénarios, dont trois pessimistes. Ainsi dans les démocraties occidentales, le pouvoir politique risque de s'effilocher davantage en termes de légitimité, avec une diminution prononcée de la tolérance par rapport aux décisions politiques et une difficulté grandissante pour les Etats-providence à trouver de l'argent public à destination de ses populations vieillissantes. Pour ces raisons, le rapport met en avant la possibilité de conflits sociaux durs qui pourraient remettre en question la stabilité politique des nations occidentales.

Sur le plan démographique, avec une augmentation de la population de 1,4 milliard d'habitants, le monde décrypté par le radar de la CIA ne sera ni plus calme, ni plus propre, et les mouvements migratoires vont en parallèle s'accentuer. Le rapport accorde ainsi une attention toute particulière à la crise écologique, qui fait apparaître d'énormes défis structurels en termes d'énergie, de dégradation de l'environnement et de sécurité des personnes. Dans l'ensemble, ces facteurs favorisent la résurgence d'un « monde contesté » comme envisagé par la CIA pour l'année 2040.

Le nombre croissant d'objets connectés posera aussi un défi majeur en matière de protection de la vie privée et d'anonymat. Avec chaque objet étant potentiellement capable de collecter et de transmettre des données personnelles, la possibilité d'une surveillance constante et d'une intrusion dans la vie privée des individus va augmenter. (Il est important de trouver un équilibre entre les avantages offerts par la connectivité et la préservation des droits fondamentaux relatifs à la vie privée et à l'autonomie individuelle).

Le rapport indique également que les sociétés seront de plus en plus fragmentées, sous tension et confrontées à des menaces et des enjeux qui ne connaissent pas de frontières déterminées. Un monde de plus en plus contesté se profile, où la confiance entre les dirigeants et les citoyens sera sérieusement déstabilisée. Les défis complexes auxquels nous serons confrontés, tels que les crises économiques, les conflits sociaux, les tensions politiques et les problèmes environnementaux, contribueront à cette fragmentation et à cette remise en question des relations de confiance au sein des sociétés.

Selon la CIA, l'intelligence artificielle exercera une influence considérable sur notre monde d'ici 2040. Ils projettent que l'IA sera exploitée dans la conception de nouvelles armes, l'amélioration de la surveillance et du renseignement, ainsi que dans l'accroissement de l'efficacité des opérations militaires. Cependant, ils soulignent également que l'IA pourrait être utilisée pour créer de nouvelles méthodes d'oppression et de contrôle politique.

L'intelligence artificielle (IA) est en effet un domaine en constante évolution de la technologie qui vise à créer des machines capables de simuler des processus cognitifs humains, tels que l'apprentissage, le raisonnement, la résolution de problèmes et la prise de décisions intelligentes. L'objectif principal de l'IA est de permettre aux machines d'effectuer des tâches qui nécessitent normalement l'intelligence humaine, voire de les surpasser dans certains domaines.

4
CHANGEMENT CLIMATIQUE

Le dernier apport de la CIA approfondit également la question cruciale du changement climatique, en mettant en évidence son impact considérable et sa dimension globale. En examinant de près les tendances climatiques actuelles et les projections futures, il souligne les conséquences préoccupantes auxquelles nous devrons faire face dans un avenir proche.

Parmi les aspects abordés, le rapport met en évidence l'effet dévastateur du changement climatique sur la disponibilité des ressources naturelles. Les écosystèmes fragiles seront confrontés à des défis sans précédent, telles que la raréfaction de l'eau douce, la dégradation des sols et la perte de biodiversité. Ces perturbations pourraient entraîner des tensions croissantes entre les nations pour l'accès et le contrôle des ressources essentielles, augmentant ainsi le risque de conflits et d'instabilité politique à l'échelle mondiale.

En outre, le rapport met en garde contre les conséquences sociales et humaines du changement climatique, notamment en ce qui concerne les mouvements migratoires. À mesure que certaines régions deviennent moins habitables en raison des conditions climatiques extrêmes, des catastrophes naturelles plus fréquentes et de la montée du niveau de la mer, des populations entières pourraient être contraintes de se déplacer vers des endroits plus sûrs. Cela pourrait engendrer des flux migratoires massifs, créant des défis supplémentaires pour les gouvernements et les sociétés qui devront gérer ces déplacements de populations et assurer des conditions de vie décentes pour les réfugiés climatiques.

Face à ces prévisions inquiétantes, le rapport souligne l'urgence d'agir collectivement et rapidement pour atténuer les effets du changement climatique. Des mesures décisives, telles que la réduction des émissions de gaz à effet de serre, la promotion des énergies renouvelables et l'adoption de politiques de conservation et de préservation de l'environnement, seront essentielles pour limiter les dégâts futurs.

Le rapport pour l'année 2040 offre dès lors un aperçu approfondi des conséquences potentielles du changement climatique, rappelant l'importance de prendre des mesures concrètes pour protéger notre planète et préserver un avenir viable pour les générations futures. La prise de conscience de ces enjeux et la mobilisation collective sont donc cruciales pour relever ce défi mondial complexe et pour créer un avenir plus durable pour tous.

5

MENACES TERRORISTES ÉMERGENTES

Le dernier rapport de l'agence met également en évidence que la lutte contre le terrorisme, en particulier le terrorisme islamiste, est une donnée majeure de l'ordre international, ayant des implications directes sur la sécurité et la stabilité des pays. Les groupes djihadistes sont identifiés comme une menace transnationale persistante, susceptible de constituer un danger à la fois dans leurs régions d'origine et bien au-delà.

Le rapport souligne que ces groupes terroristes bénéficient d'une idéologie cohérente, qui leur promet un avenir millénariste, ainsi que d'une organisation opérationnelle solide. De plus, leur capacité à exploiter des territoires vastes et mal gouvernés, notamment en Afrique, au Moyen-Orient et en Asie du Sud-Est, accroît leur potentiel de perturbation et de menace.

Une préoccupation majeure réside dans l'évolution rapide de la technologie, qui pourra également profiter à ces groupes terroristes. L'intelligence artificielle, la biotechnologie et la connectivité des objets pourraient être utilisées pour développer de nouvelles méthodes d'attaque à distance, facilitant ainsi leurs actions transfrontalières et leur collaboration à l'échelle mondiale.

Il est indéniable que ces développements technologiques pouvant créer un environnement sécuritaire complexe et préoccupant.

Les gouvernements et les organismes internationaux doivent ainsi s'efforcer de rester à la pointe des avancées technologiques pour contrer ces menaces terroristes émergentes. Cela nécessitera une coopération internationale renforcée, des initiatives de partage d'informations et des stratégies proactives pour prévenir et contrer les attaques terroristes.

En somme, la lutte contre le terrorisme demeure un enjeu crucial pour la sécurité mondiale et exigera une approche multidimensionnelle pour faire face aux défis persistants et émergents que posent les groupes djihadistes, notamment dans le contexte d'une technologie en constante évolution.

6
INTELLIGENCE ARTIFICIELLE

L'adaptation et l'innovation seront au cœur d'un progrès technologique qui s'annonce incontournable. D'ici 2040, les applications de l'intelligence artificielle, combinées à d'autres technologies, promettent de révolutionner de nombreux aspects de la vie quotidienne, ouvrant ainsi de nouvelles perspectives passionnantes.

En matière de santé, l'intelligence artificielle pourrait transformer la manière dont les diagnostics sont établis en analysant rapidement d'énormes quantités de données médicales. Les traitements pourraient être personnalisés en fonction des caractéristiques individuelles de chaque patient, améliorant ainsi considérablement les chances de guérison et réduisant les effets secondaires indésirables.

Dans le domaine de l'éducation, l'intelligence artificielle pourrait permettre un enseignement plus personnalisé, en s'adaptant aux besoins et aux capacités de chaque étudiant. Des systèmes d'apprentissage intelligents pourraient identifier les lacunes de chaque élève et fournir des ressources pédagogiques adaptées pour favoriser une meilleure compréhension et des résultats académiques augmentés.

Au-delà de cela, l'intégration de l'intelligence artificielle dans les tâches quotidiennes pourrait simplifier et améliorer notre vie quotidienne. Des logiciels intelligents pourraient optimiser nos emplois du temps, simplifier les processus administratifs, et même anticiper nos besoins en fonction de nos habitudes et préférences.

De plus, l'intelligence artificielle pourrait stimuler la productivité dans divers secteurs économiques. Des systèmes d'automatisation intelligents pourraient également accélérer la production industrielle, réduire les erreurs humaines et optimiser les processus de gestion, conduisant ainsi à une augmentation de l'efficacité et des résultats économiques positifs.

Néanmoins, il sera essentiel de rester vigilant quant aux implications éthiques et sociales de cette transition technologique. La prise en compte des enjeux liés à la confidentialité des données, à la sécurité et à l'équité dans l'accès à ces nouvelles technologies devra être au cœur des débats et des décisions politiques.

L'intégration croissante de l'intelligence artificielle et d'autres technologies d'ici 2040 promettent une amélioration significative de divers aspects de notre vie quotidienne, allant de la santé à l'éducation en passant par la productivité. Toutefois, il sera impératif de gérer cette transition avec sagesse, en prenant en compte les défis éthiques et sociaux pour garantir que ces avancées technologiques profitent véritablement à l'ensemble de la société.

7
TÉHÉRAN

La CIA alerte sur la volonté de puissance panislamique de Téhéran. La politique de statu quo avec Téhéran n'est pas souhaitable face à la rapide progression technologique de l'Iran en matière de nucléaire. Dans la région de la péninsule arabique, le Qatar est de son côté observé sous les coutures, car sa position entre Washington et Téhéran est stratégique.

Doha est en effet un partenaire d'importance des Occidentaux dans le golfe Persique, et qui accueille sur son sol le Commandement central américain avec l'imposante base aérienne d'Al-Udeid. L'émirat est aussi placé sous statut privilégié d'« allié majeur hors OTAN » pour les Etats-Unis.

Les relations bilatérales entre l'Iran et l'Arabie Saoudite, principal partenaire américain dans la région sont aujourd'hui réamorcées. Et la Chine a endossé le rôle de médiateur entre chiites et sunnites. Et c'est Pékin qui a engrangé un réel bénéfice diplomatique de ce rapprochement.

Par ailleurs, le réveil du chiisme pourrait devenir une donnée géopolitique primordiale. Le rôle néfaste de l'Iran qui a la volonté de propager son influence sur les régions du Golfe est aussi pointé du doigt. L'Iran, seul Etat chiite de la planète, se veut être le défenseur de l'ensemble des croyants, seul capable de regrouper les différentes communautés chiites. Grâce à son clergé et à ses centres de théologie, son influence sur le monde chiite est centrale.

Les communautés chiites sont présentes dans une des régions clés du monde actuel. En effet, la zone du Golfe persique, où sont localisés les trois quarts des réserves de pétrole du globe, est habitée par environ 70% de chiites. La région du Hasa en Arabie Saoudite à titre d'exemple, zone qui concentre la majorité des gisements d'or noir du royaume wahhabite, est en grande partie peuplée de musulmans chiites.

Positionné idéalement sur le plan géographique, ce pays a pour vocation de prendre toute sa place à travers le monde musulman. Depuis des siècles, il tient une place prépondérante dans la culture musulmane, étant l'un des berceaux des plus grands érudits, intellectuels et artistes de l'Islam, tels qu'Avicenne ou Omar Khayyam. Avec une histoire vieille de plus de deux millénaires, l'Iran est une civilisation ancienne. Ses premières traces écrites remontent à Cyrus, roi des Perses, en 550 avant Jésus-Christ. Puis l'invasion arabe de la Perse a débuté en 637 et a conduit le pays à sa conversion à l'Islam...

De plus, la Russie serait prête dans l'avenir à soutenir l'Iran avec son programme de missiles et doter la République islamique d'avions de chasse selon le chef de l'Agence centrale de renseignement. La CIA se déclare ainsi préoccupée de la « dangereuse » escalade dans la coopération militaire entre le régime des mollahs et le maître du Kremlin.

8

PYONGYANG

L'agence de renseignement américaine s'inquiète de l'agressivité du régime de Pyongyang. Les Etats-Unis ont notamment la volonté de répondre au mieux pour s'opposer à la menace nucléaire de la Corée du Nord. La CIA a déjà ouvert une unité spéciale chargée d'évaluer le risque nucléaire nord-coréen.

Le régime de Pyongyang est en mesure de déployer des missiles balistiques à moyenne portée (Hwasong-12) et longue distance (Hwasong-14) pouvant selon la CIA viser l'île de Guam et le continent US. La multiplication des tests balistiques de la Corée du Nord irrite les Américains. Et le régime marxiste-léniniste a déjà fait exploser une bombe nucléaire d'au moins 100 kilotonnes.

La stratégie des Etats-Unis veut faire peser une pression maximale sur Pyongyang, afin de pousser les Nord-Coréens à la table des négociations, tout en faisant l'impasse dans l'immédiat sur une solution armée dont les conséquences politiques, humaines et économiques seraient désastreuses. A noter également que la République populaire et démocratique de Corée (RPDC), malgré la nature fermée de son pays, est un régime dont les actions sont prévisibles.

Depuis plus de deux décennies, la Corée du Nord n'a eu de cesse de braver les efforts répétés de la communauté internationale pour tendre vers un apaisement généralisé. Le régime de Pyongyang est ainsi resté droit dans ses bottes avec son but ultime de se doter d'armes nucléaires ainsi que des sphères associées.

9

MOSCOU

La CIA est la seule agence de renseignements à avoir pris en compte les intentions guerrières de Poutine envers l'Ukraine.

Ce conflit pourrait s'étendre aux pays alentours sur la durée. Dans son rapport 2023, le renseignement américain relève le pouvoir de nuisance de la Russie, qui essaie de distendre les liens entre pays occidentaux.

Depuis le lancement de la guerre sur le sol ukrainien, le monde occidental et la Russie n'ont jamais été aussi distants l'un de l'autre à toutes les strates de pouvoir décisionnel. En parallèle, la Russie semble porter son attention de plus en plus vers l'Asie, en particulier vers la Chine. Le partenariat énergétique entre les Russes et les Chinois pourrait transformer la Russie une colonie économique de la Chine.

La Russie continuera à brandir l'épouvantail nucléaire et va poursuivre ses cyber attaques. Ces deux outils serviront à déstabiliser le monde.

Le National Intelligence Council (NIC) de la CIA est aussi d'avis que Moscou va demeurer une puissance de taille et un coriace concurrent pour les Etats-Unis dans un contexte d'influence géopolitique en pleine mutation durant la prochaine décennie.

La Russie représente l'une des influences d'un pays tiers les plus dangereuses pour les Etats-Unis en mettant à profit ses services de renseignement, ses forces satellites et ses outils d'influence de grande ampleur pour s'opposer à l'Occident et augmenter son rayonnement dans le monde entier, tout en tentant de diminuer la position planétaire des Etats-Unis, d'accroître la discorde au sein même du territoire des Etats-Unis et d'influer peut-être sur la vie politique américaine.

10
PÉKIN

Le facteur géopolitique prédominant du siècle à venir s'articule autour de la rivalité sino-américaine. Le rapport l'affirme ainsi : c'est la rivalité Chine/Etats-Unis qui va devenir le cœur des oppositions des puissances mondiales. Et celles-ci vont être vivaces. Actuellement, elles le sont déjà.

La Chine avance le rapport, va sans doute déployer des capacités militaires qui représenteront une haute menace pour les forces alliées dans la région Asie-Pacifique. Les dirigeants chinois feront tout pour que Taïwan aille vers une réunification avec leur pays à l'horizon 2040. Et cela possiblement sous l'effet d'une forte contrainte intensive du côté de Pékin. Ajoutons que Washington n'est pas en reste quant aux initiatives de militarisation du détroit de Taiwan. Le détroit promet donc d'être un des lieux majeurs de la tension internationale à l'horizon 2040.

La rivalité sino-américaine est donc un facteur géopolitique prédominant du 21e siècle, et les tensions entre la Chine et les États-Unis sont susceptibles de continuer à s'intensifier dans les décennies à venir. Les deux pays sont des puissances mondiales avec des intérêts concurrents et des visions géopolitiques divergentes, ce qui conduit à des oppositions et des rivalités dans divers domaines.

La Chine a connu une montée en puissance spectaculaire sur la scène mondiale, devenant une force économique et militaire majeure. Elle est susceptible de poursuivre le développement de ses capacités militaires dans les années à venir, ce qui pourrait être perçu comme une menace par les alliés des Etats-Unis dans la région Asie-Pacifique, notamment en ce qui concerne le détroit de Taïwan.

Taiwan reste un sujet hautement sensible pour la Chine. Depuis la fin de la guerre civile chinoise en 1949, Taïwan est considérée par

Pékin comme une partie intégrante de son territoire et la question de la réunification est un objectif clé pour les dirigeants chinois. Ils pourraient chercher à atteindre cet objectif, peut-être par des moyens coercitifs, d'ici l'horizon 2040, ce qui pourrait aggraver les tensions avec les Etats-Unis et leurs alliés régionaux.

D'un autre côté, les Etats-Unis ont également exprimé leur engagement envers la sécurité et la stabilité de la région Asie-Pacifique. Ils pourraient continuer à soutenir militairement Taiwan, en cas de confrontation avec la Chine, ce qui ajouterait une dimension supplémentaire aux tensions dans le détroit de Taiwan.

Le détroit de Taiwan est ainsi susceptible de devenir un point focal majeur des rivalités géopolitiques entre la Chine et les Etats-Unis. Les tensions dans cette région pourraient avoir des implications mondiales, car elles pourraient influencer les équilibres de pouvoir dans la région Asie-Pacifique et avoir des répercussions sur les relations internationales dans leur ensemble.

Il est important de noter que la situation géopolitique est complexe et sujette à des changements imprévisibles, et que d'autres facteurs géopolitiques pourraient également façonner le siècle à venir. La diplomatie, la coopération internationale et le dialogue ouvert seront essentiels pour gérer les tensions entre les grandes puissances et éviter les conflits majeurs...

11
CONCLUSION

La CIA a entrepris une tâche complexe en tentant de prédire l'avenir de la planète d'ici 2040, et ses conclusions, bien que basées sur une analyse approfondie, semblent se diriger vers une perspective plutôt pessimiste. Le rapport brûlant de la CIA expose les défis majeurs et les menaces imminentes auxquels nous serons confrontés dans les décennies à venir.

Au-delà du prisme géopolitique nord-américain, cette analyse stratégique s'avère opportune et importante, car elle offre une vision globale du monde attendu en 2040. Avec une hyperconnectivité croissante et des tensions multiples, le monde futur présente des enjeux considérables.

Il est essentiel que le président Joe Biden et les autres décideurs politiques prennent en compte ces perspectives inquiétantes pour élaborer des politiques efficaces et adaptées. La corrélation entre les différents rapports de la CIA souligne la nécessité de s'attaquer aux problèmes émergents de manière proactive et concertée.

Face à un monde complexe et interconnecté, il sera primordial d'adopter une approche globale et coopérative pour relever ces défis. En investissant dans l'innovation, la diplomatie et la coopération internationale, nous pourrons mieux préparer notre société à affronter l'avenir et à forger un monde plus sûr et plus résilient pour les générations futures.